JEUX EXPLOSIFS

Labyrinthe Adulte

ActivityCrusades

Copyright © 2017 by ActivityCrusades
Tous les droits sont réservés.

Tous les droits sont réservés. Aucune partie de ce livre ne peut être reproduite ou utilisée de quelque manière que ce soit, ni par aucun moyen, électronique ou mécanique, ce qui signifie que vous ne pouvez pas enregistrer ou photocopier des idées ou des conseils matériels fournis dans ce livre.

Publié par Speedy Publishing Canada Limited

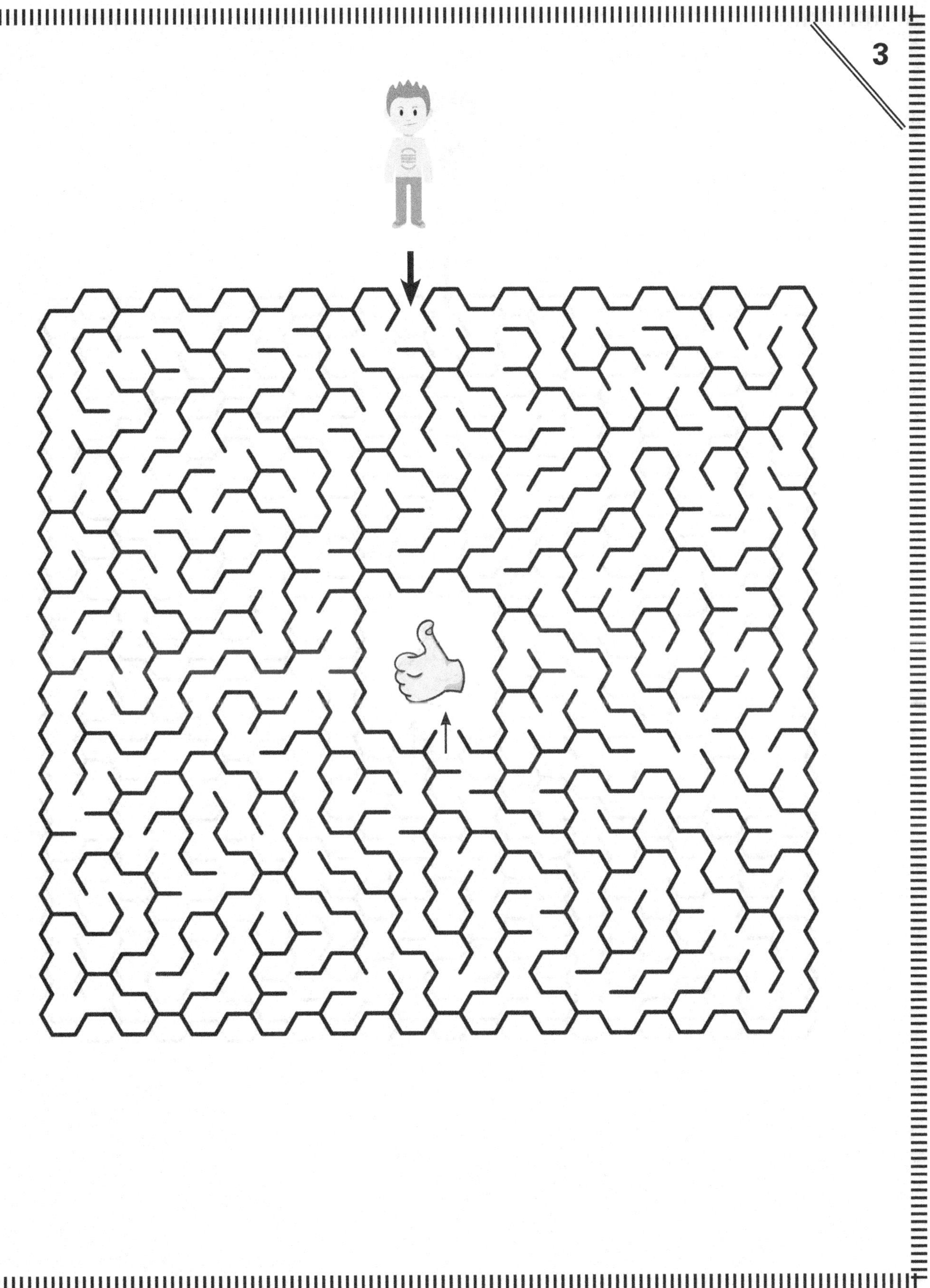

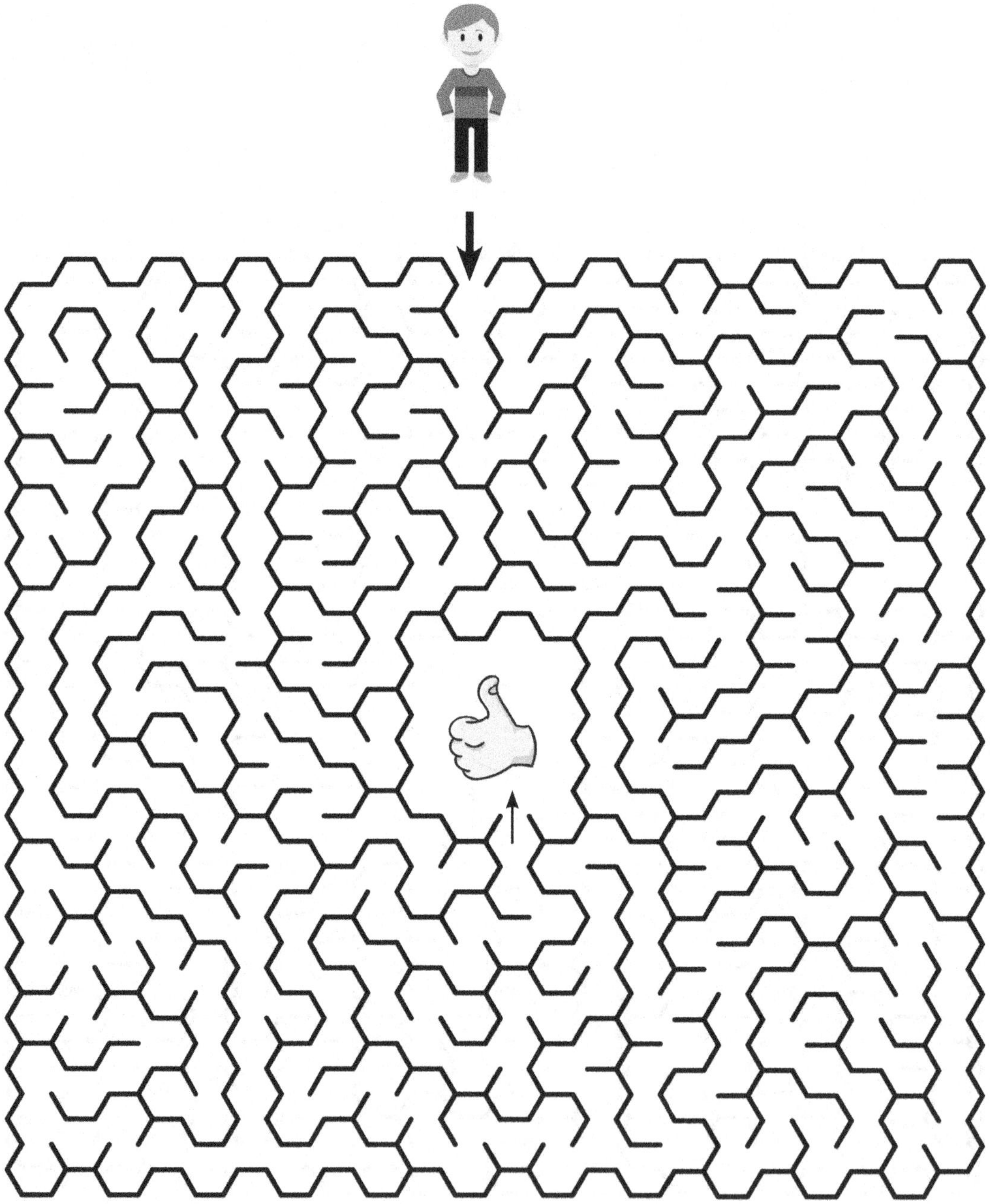

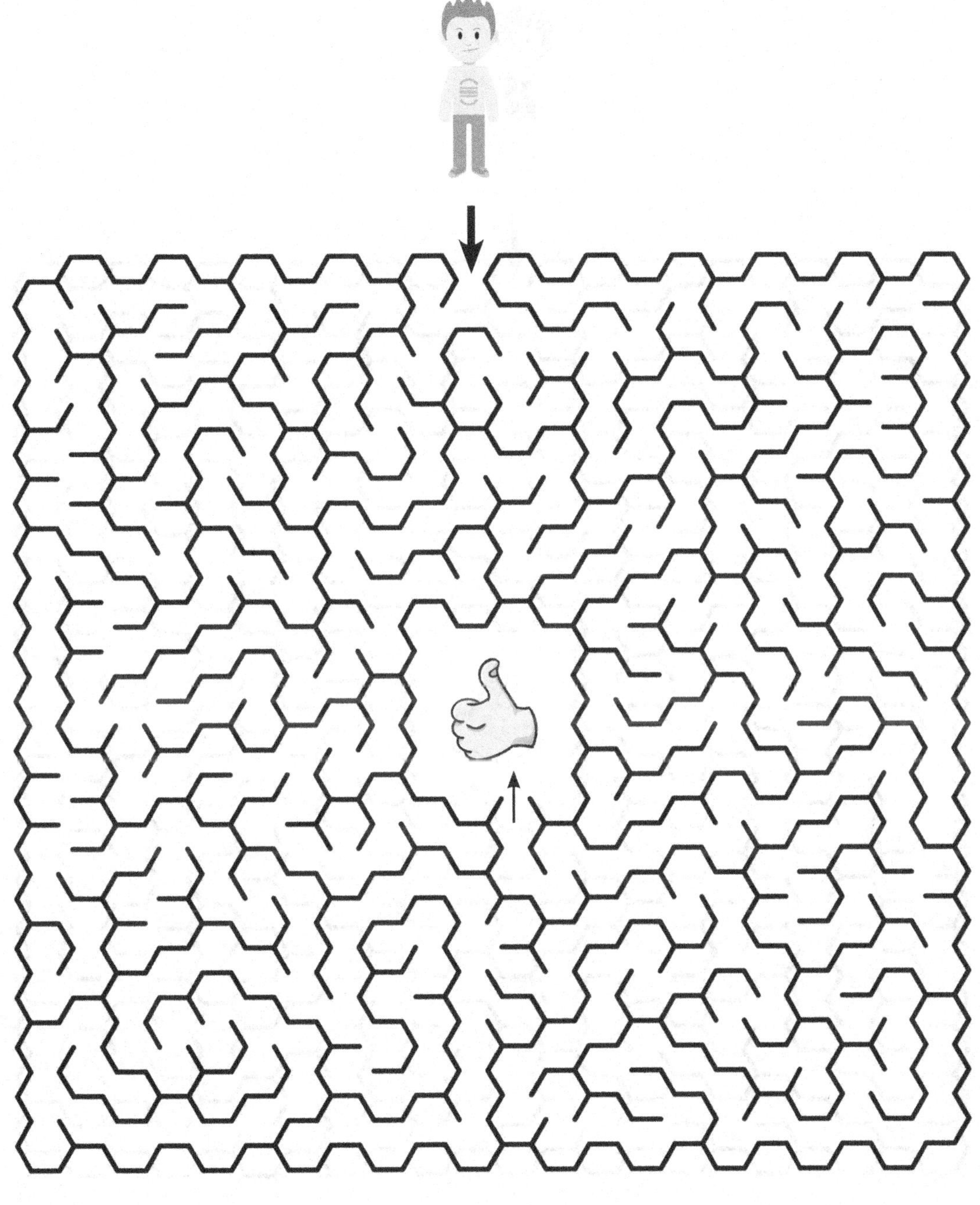

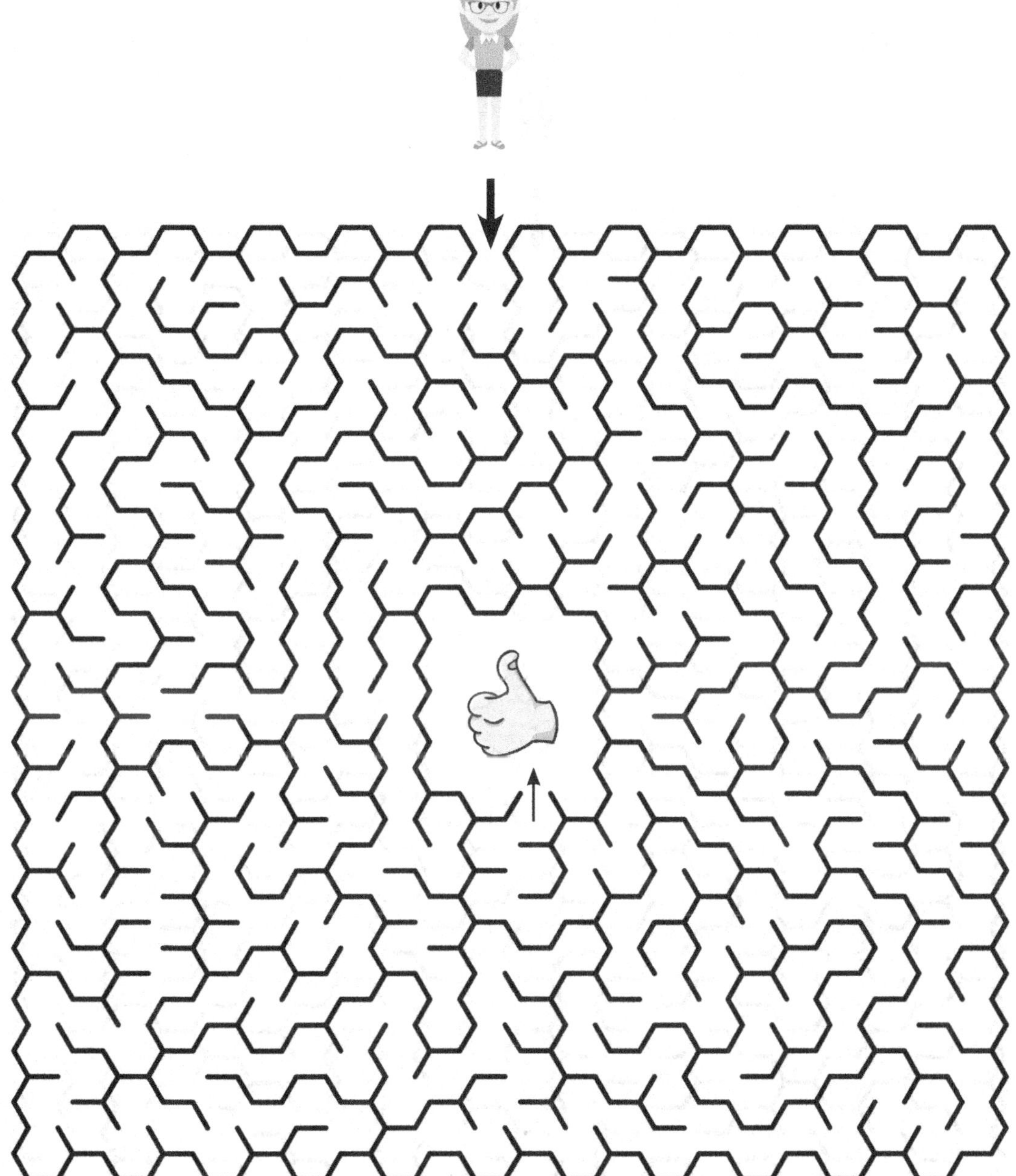

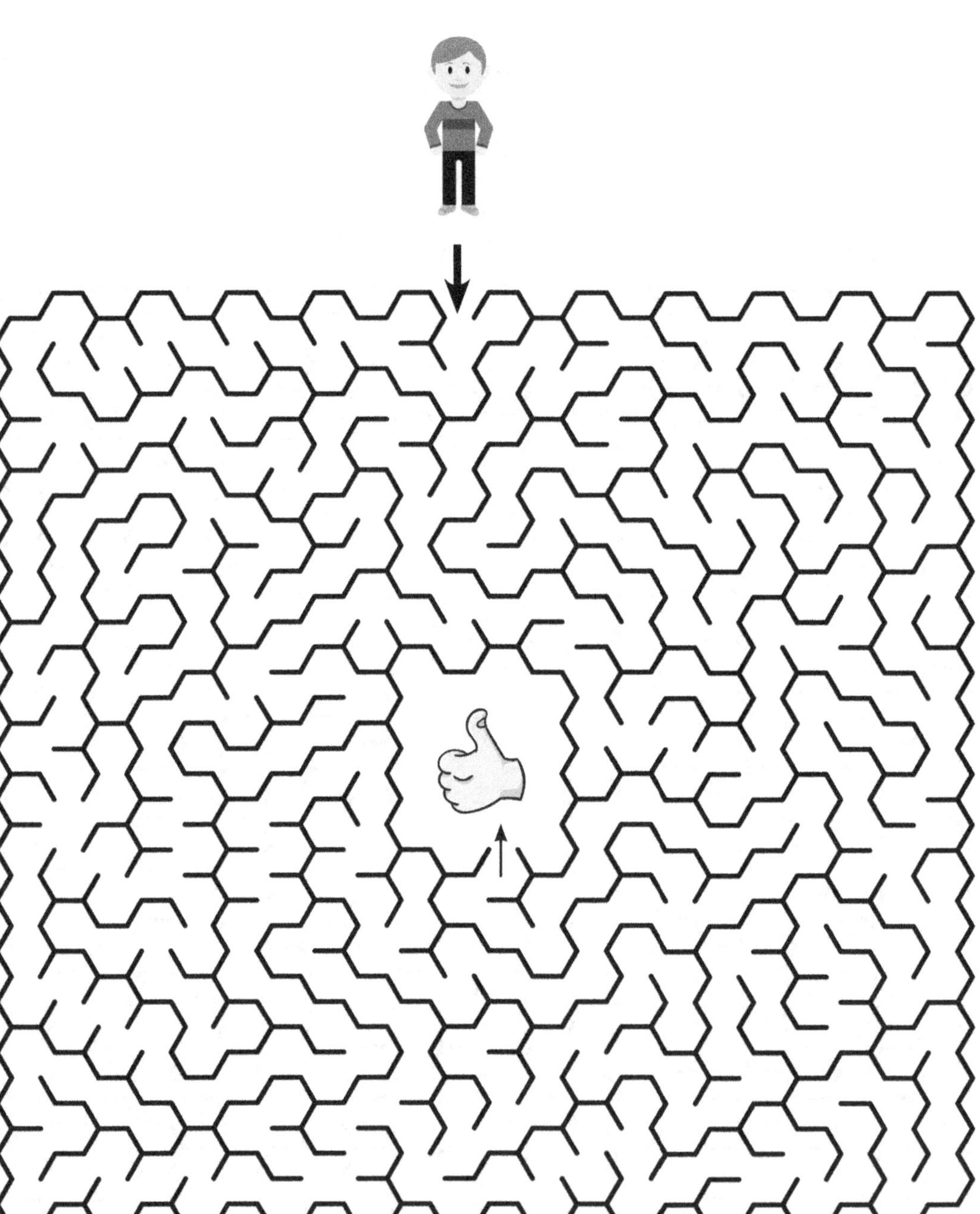

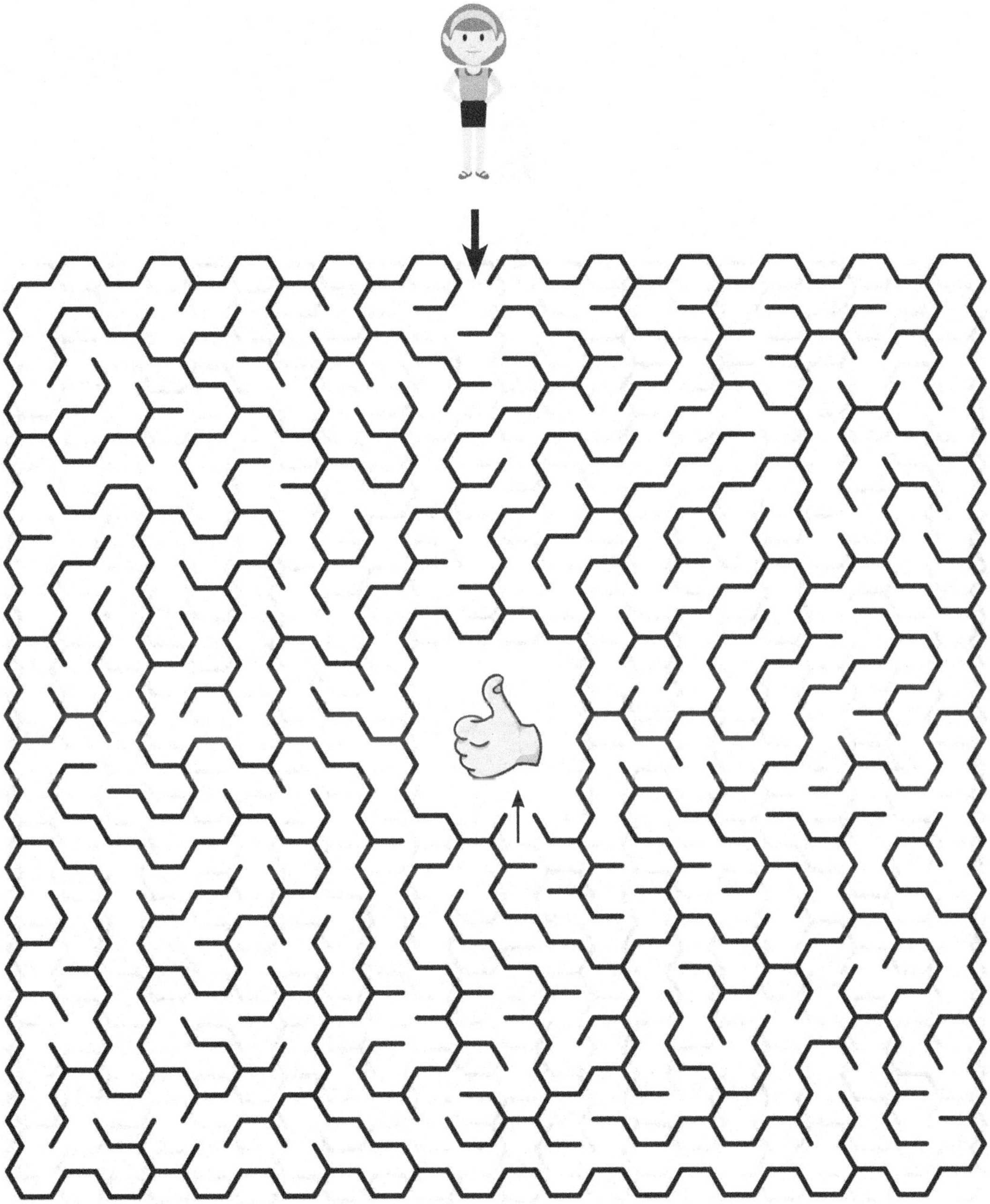

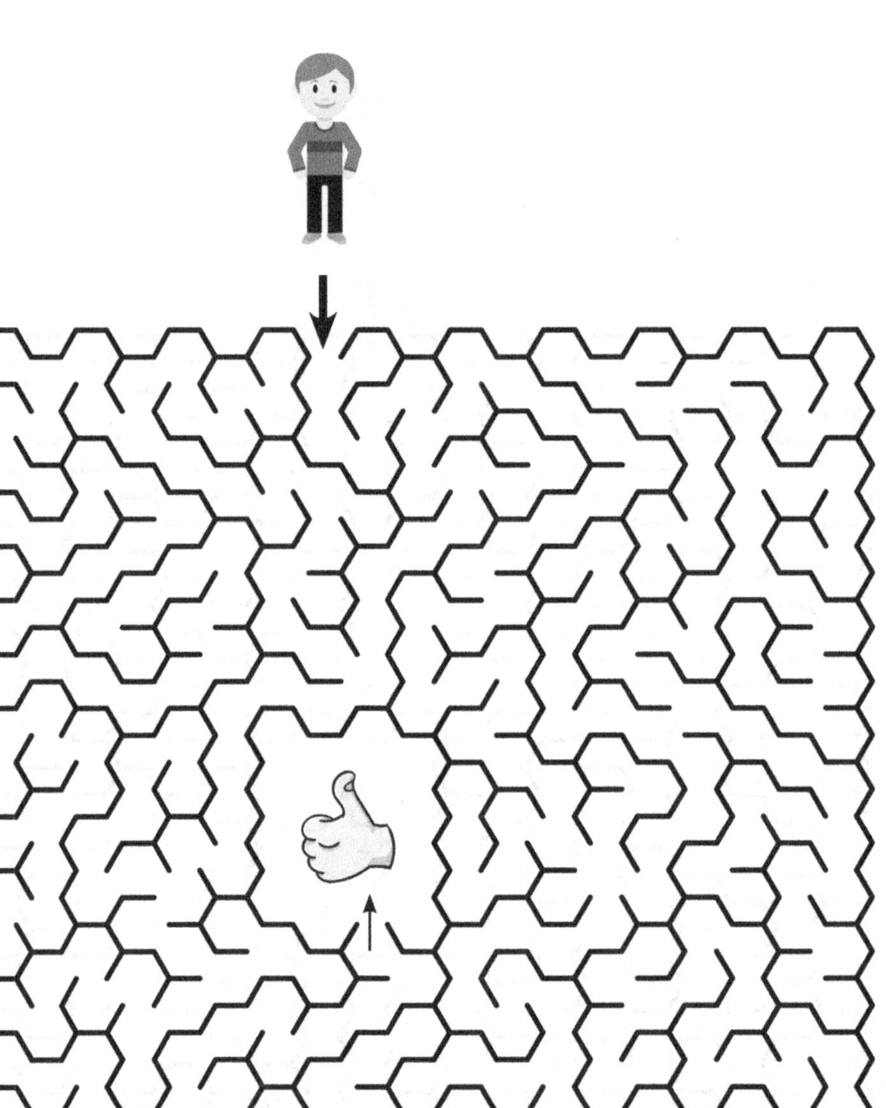

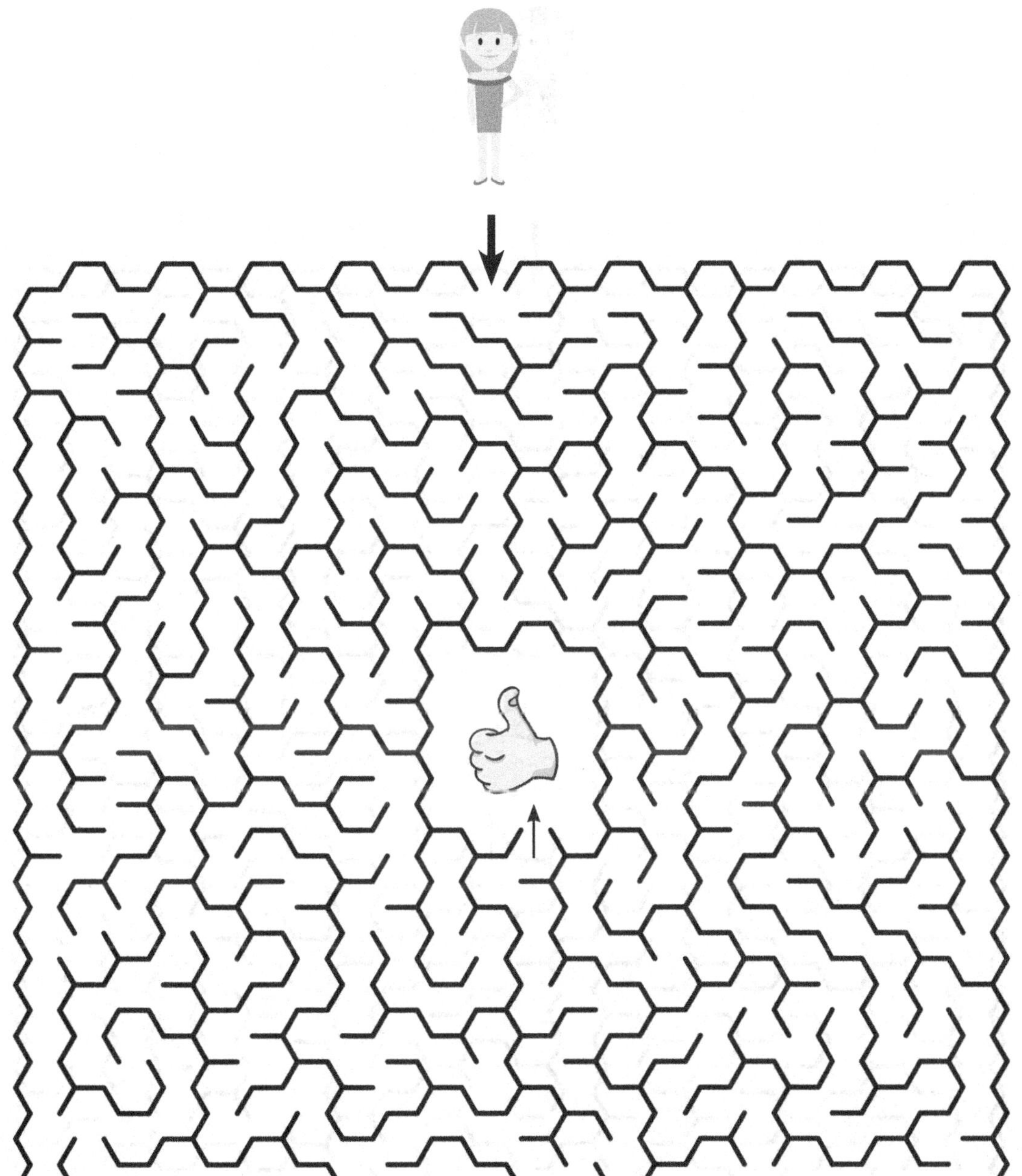

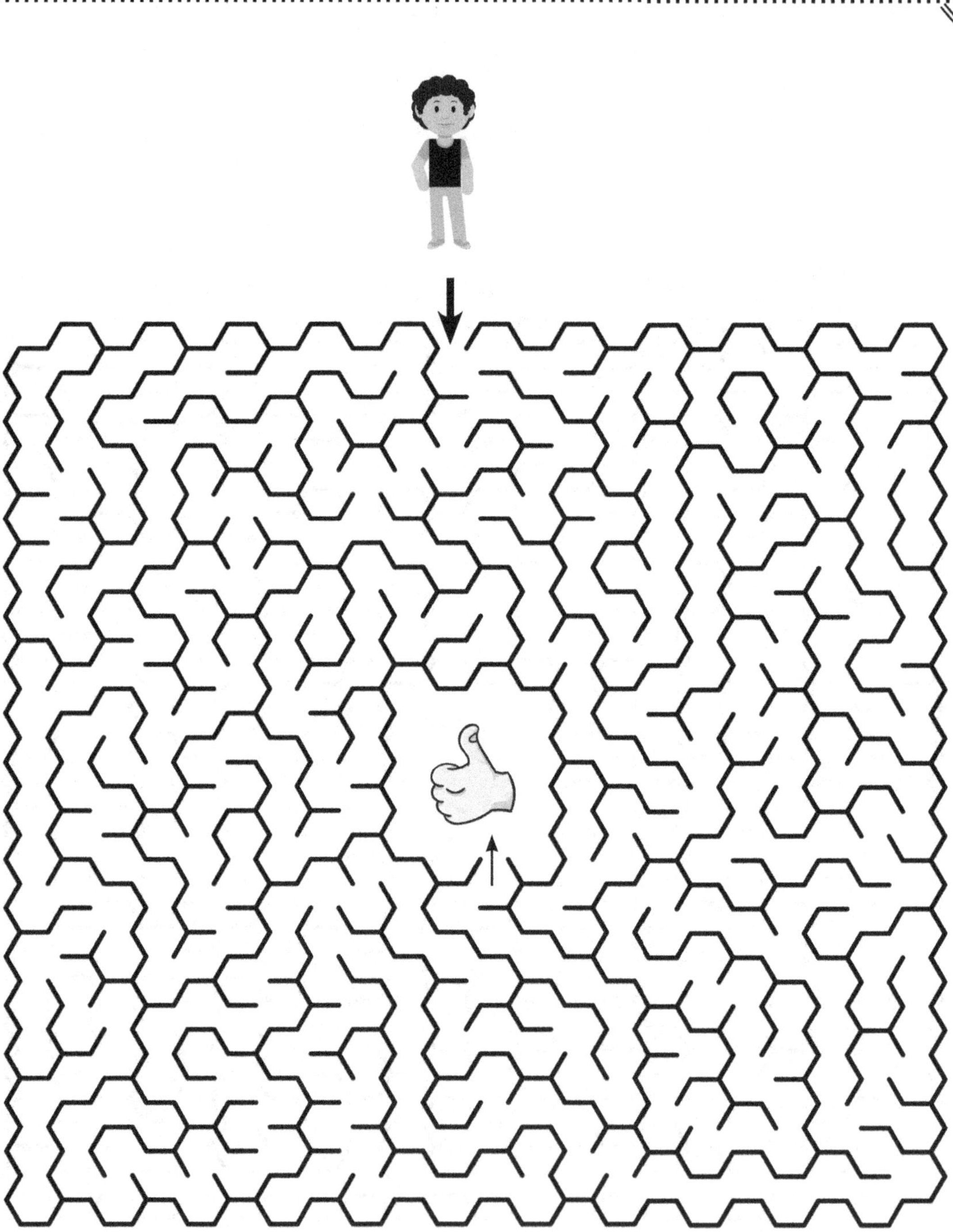

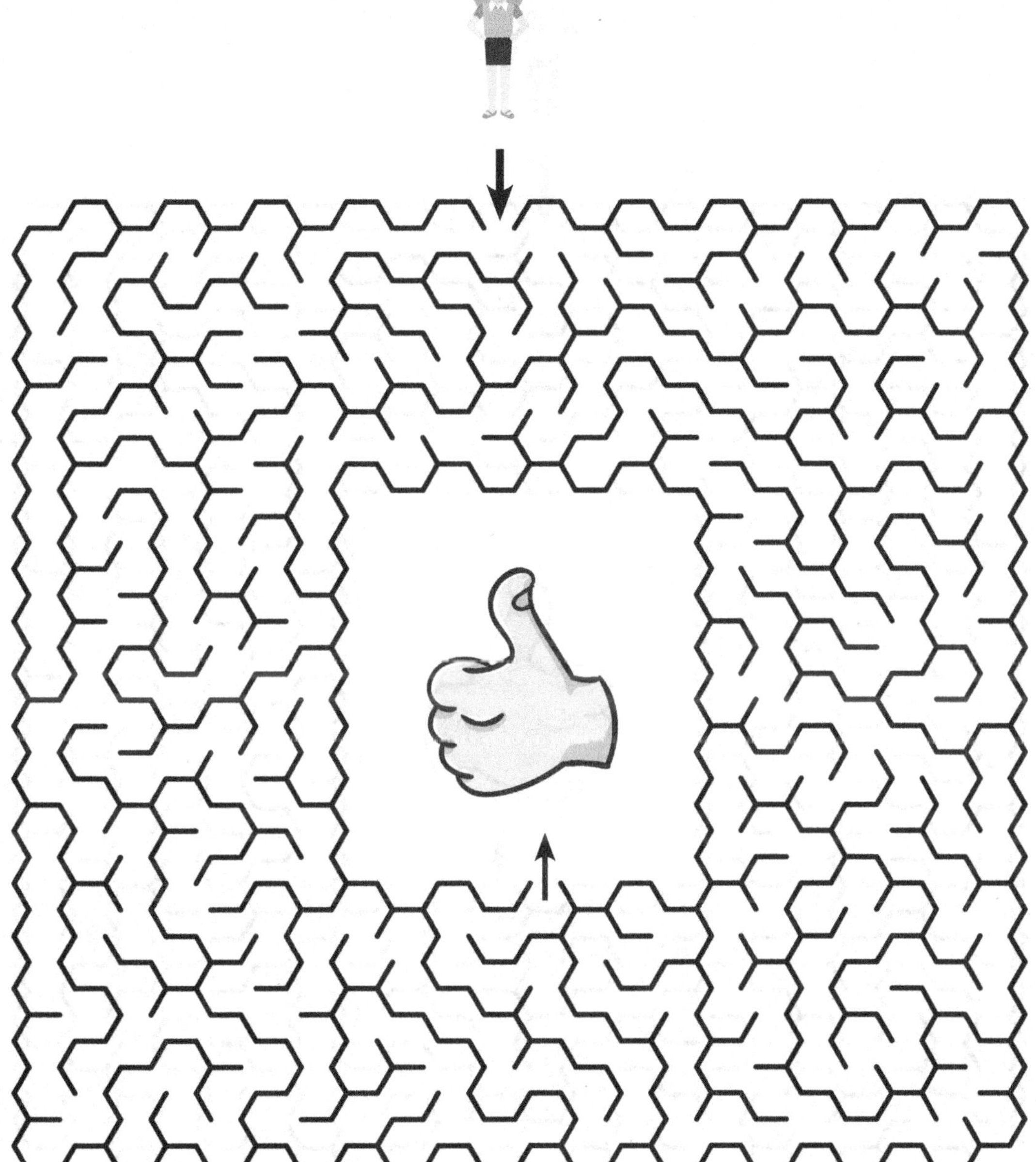

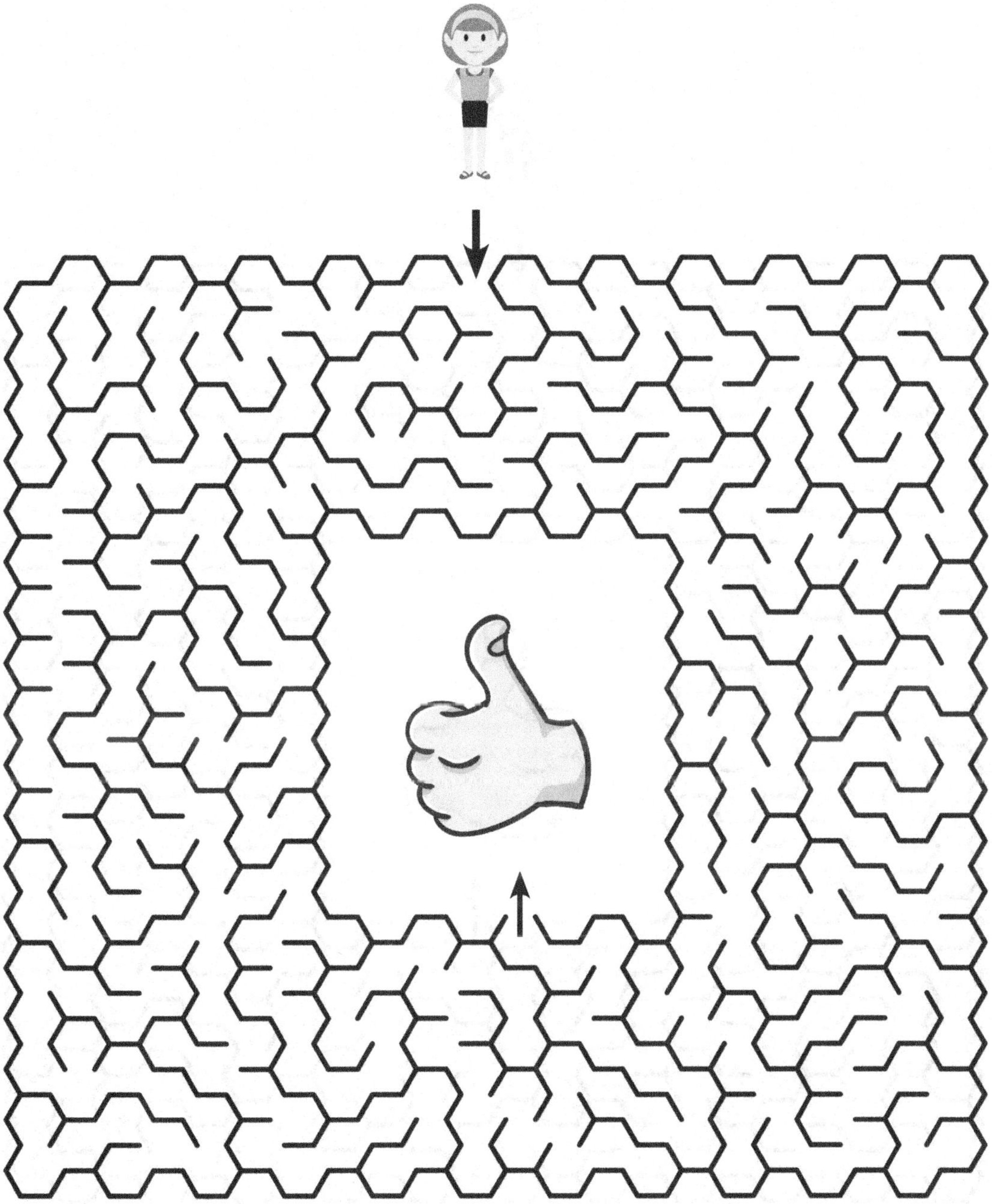

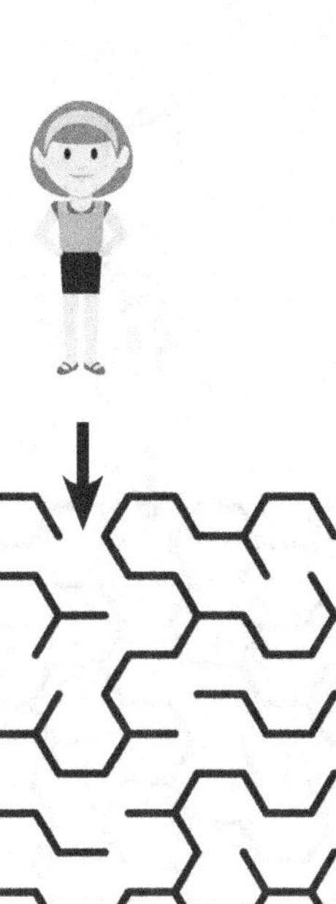

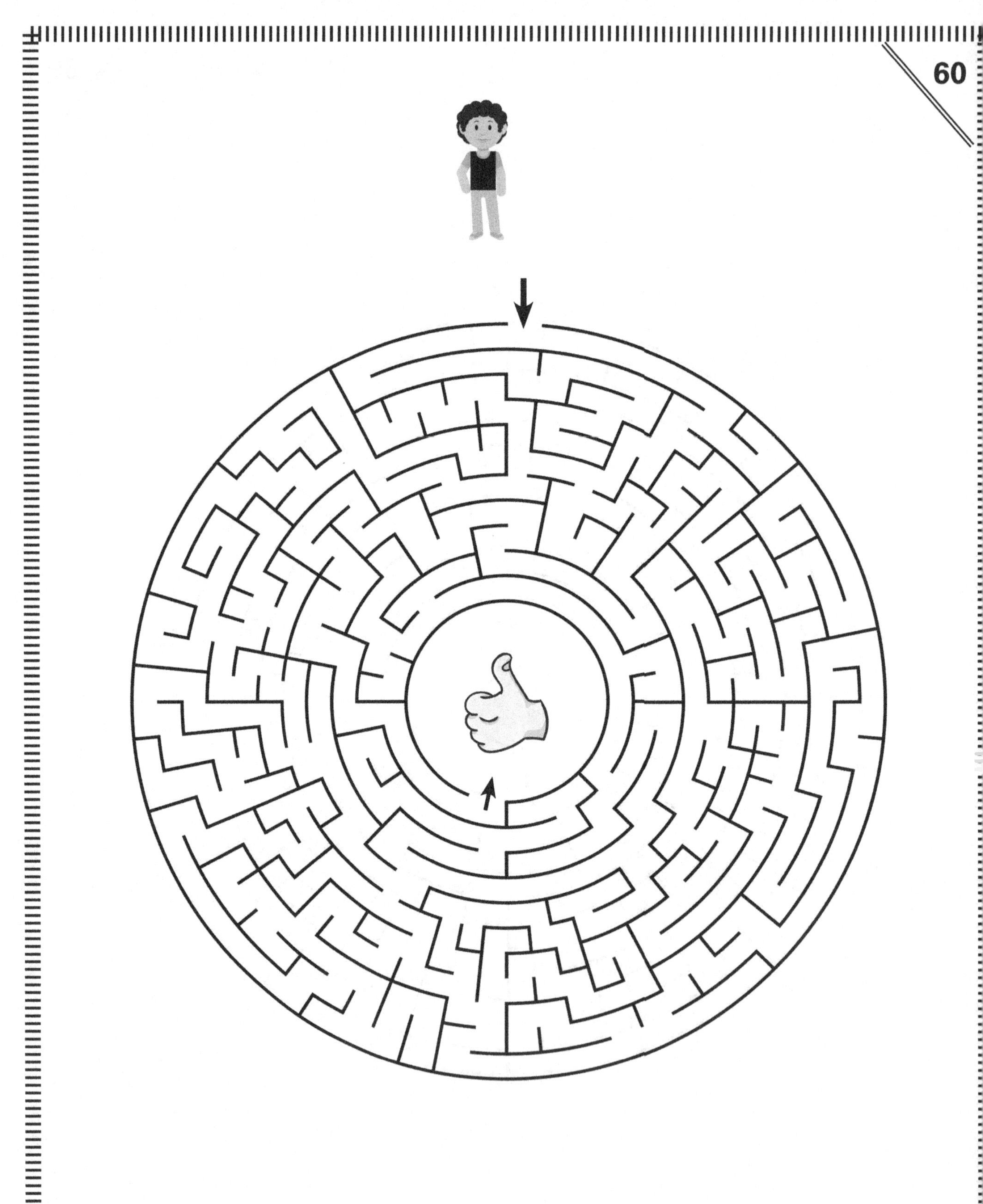

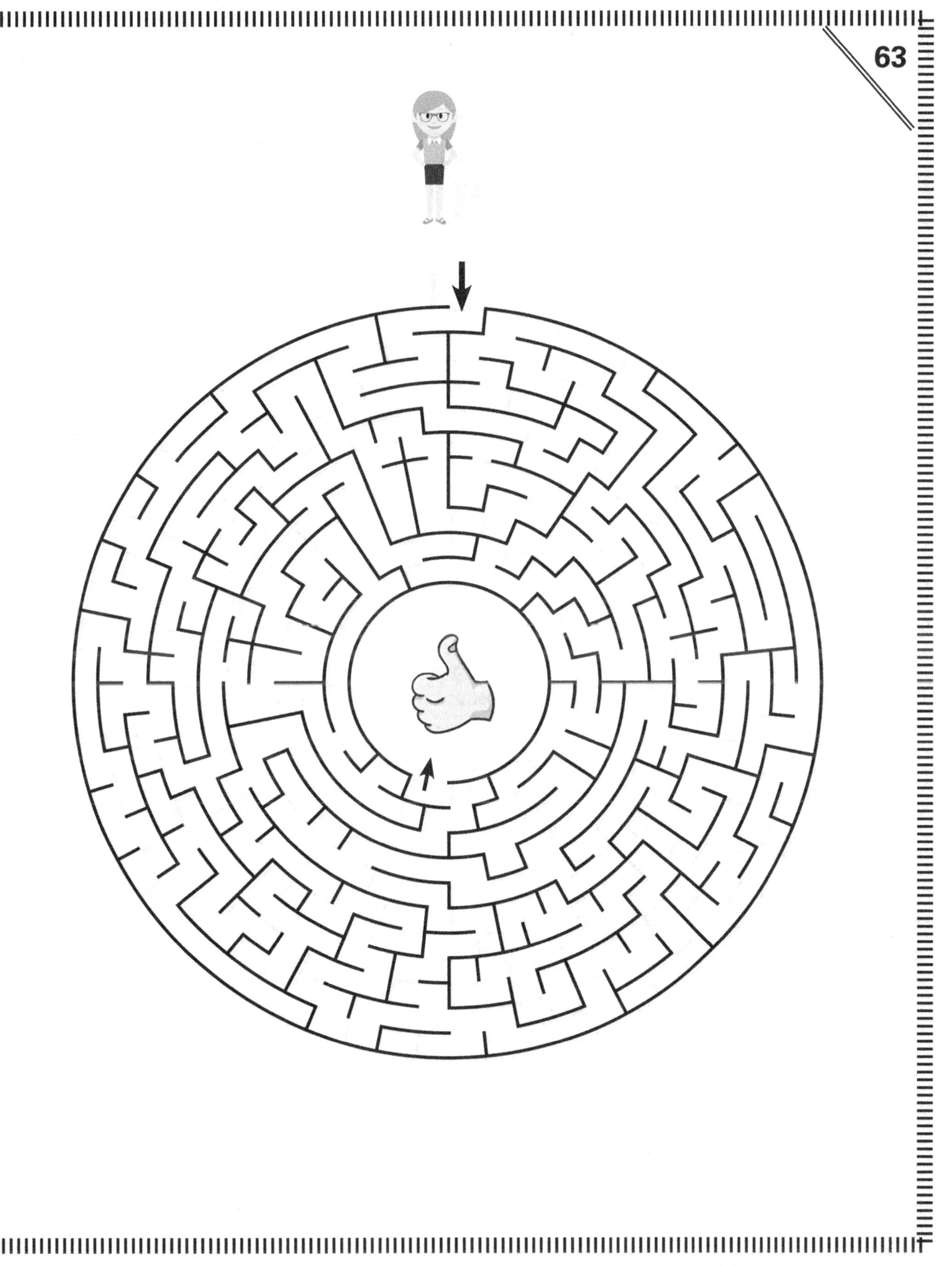

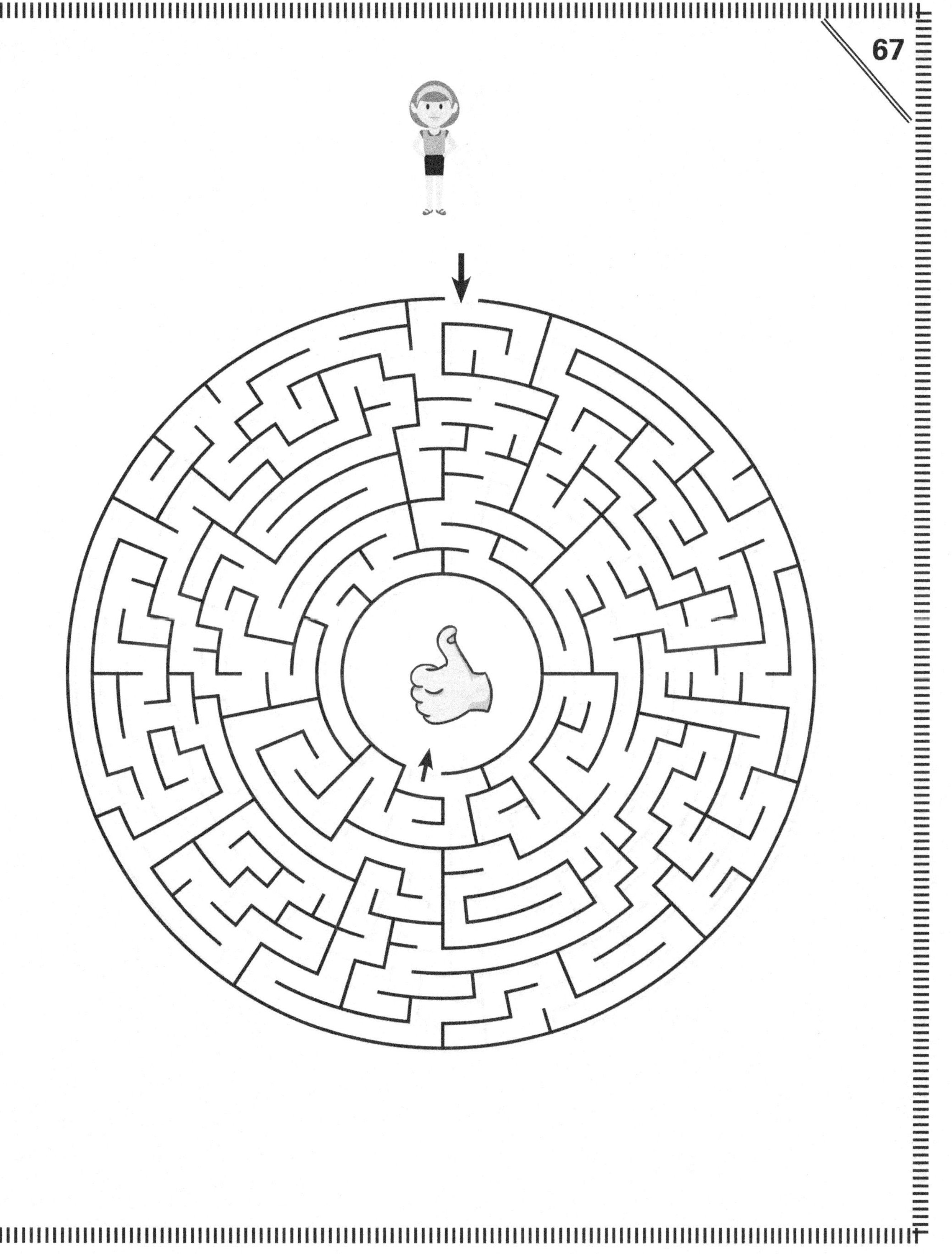

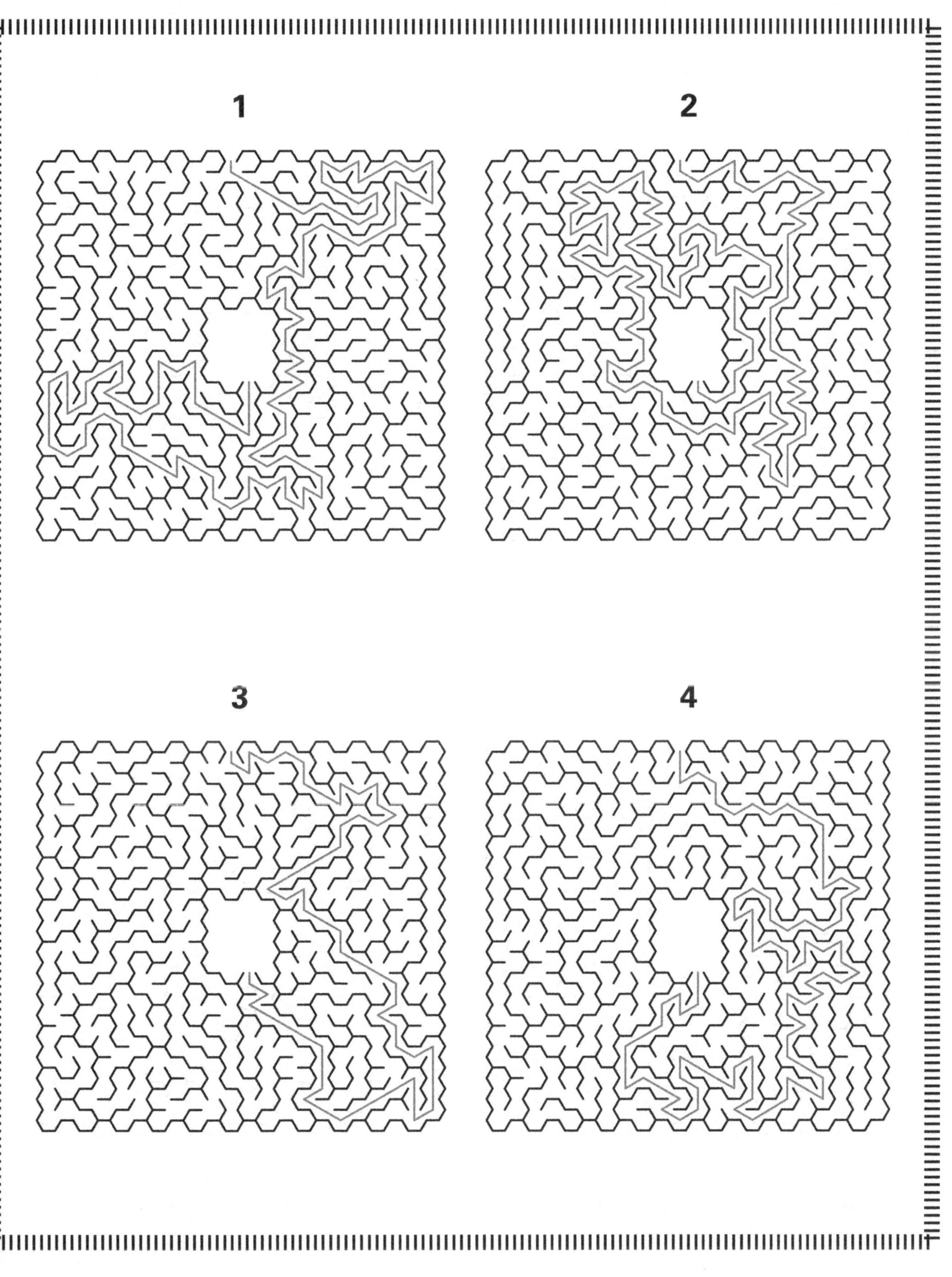

1

2

3

4

5

6

7

8

9

10

11

12

13

14

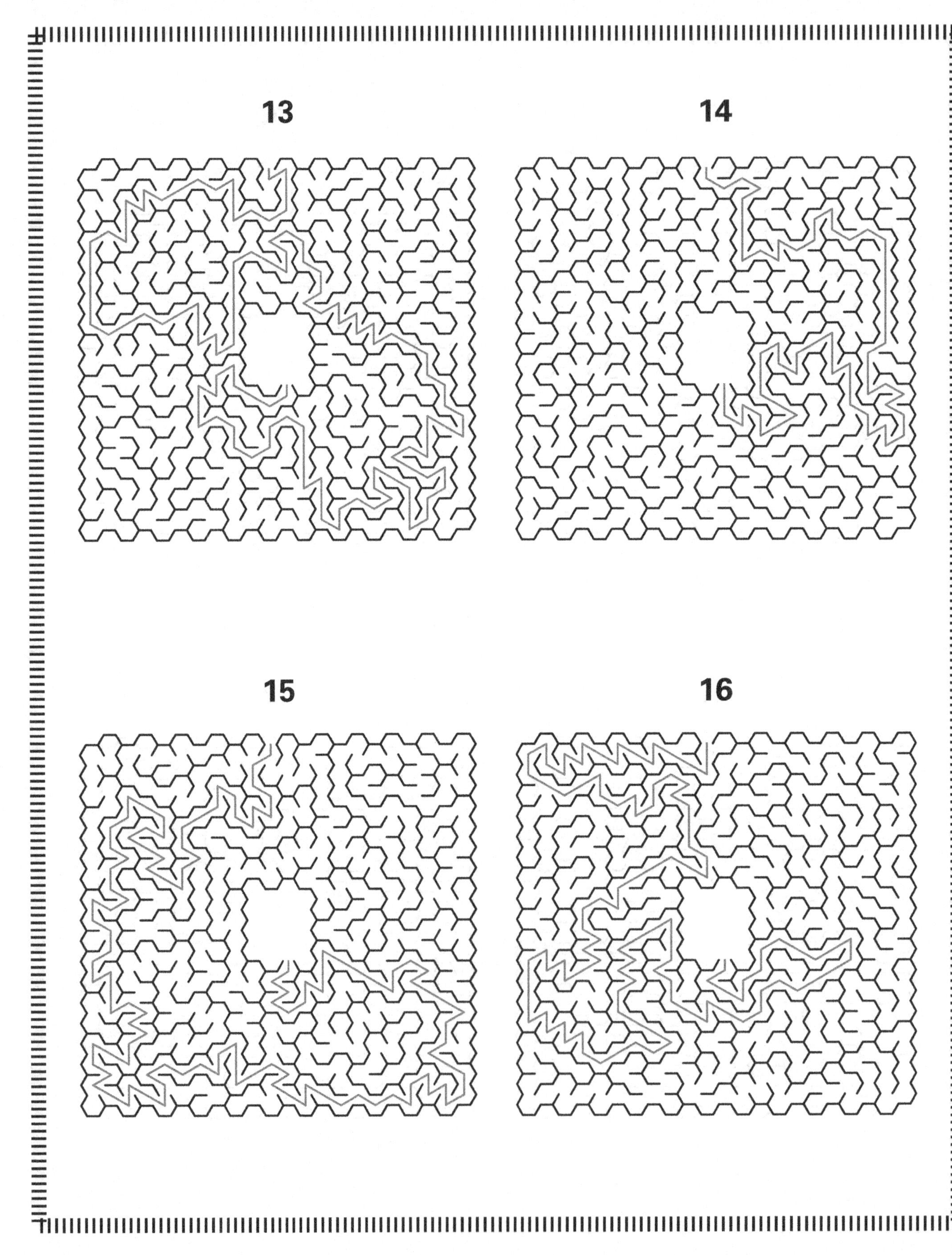

15

16

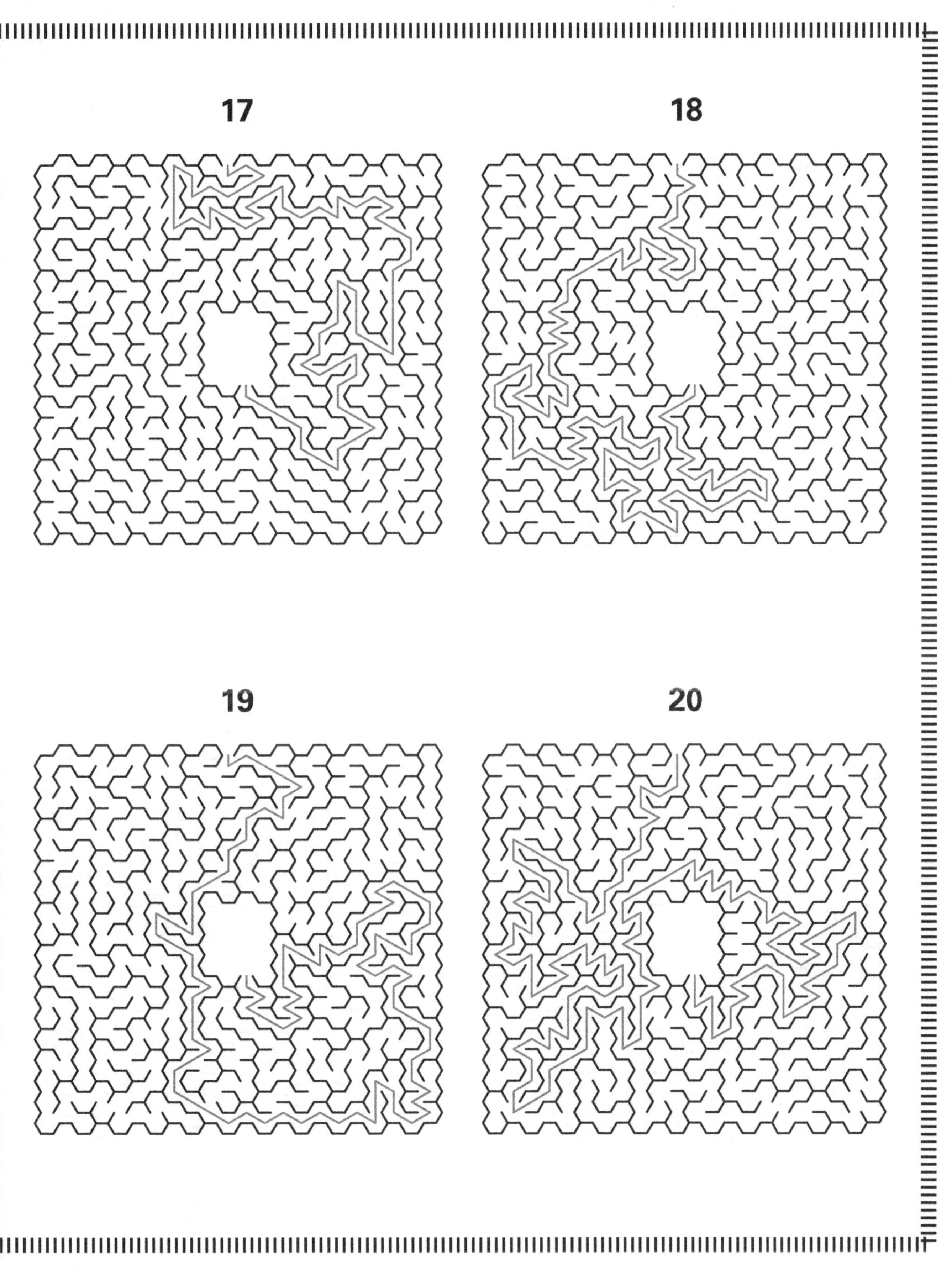
17
18
19
20

21

22

23

24

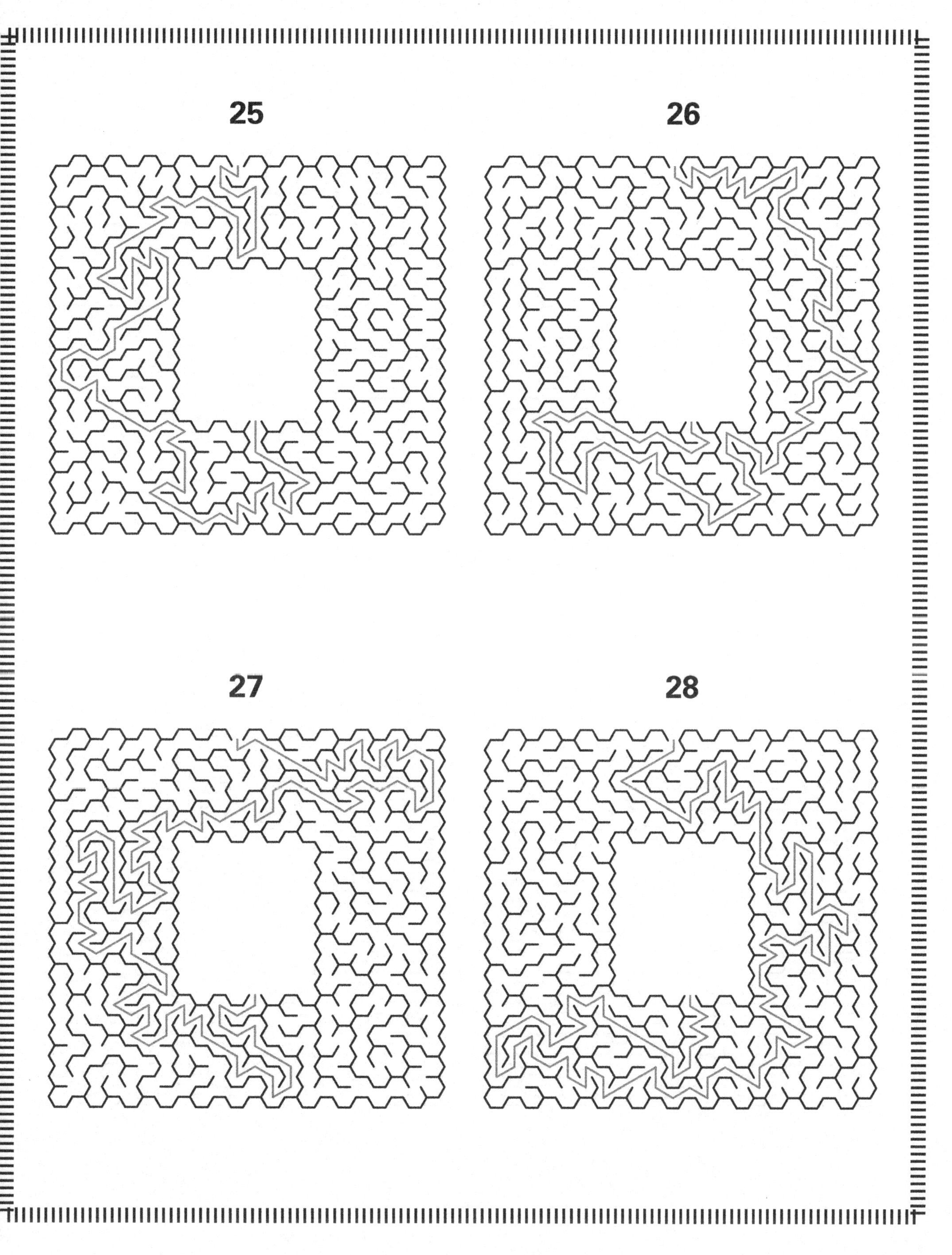
25
26
27
28

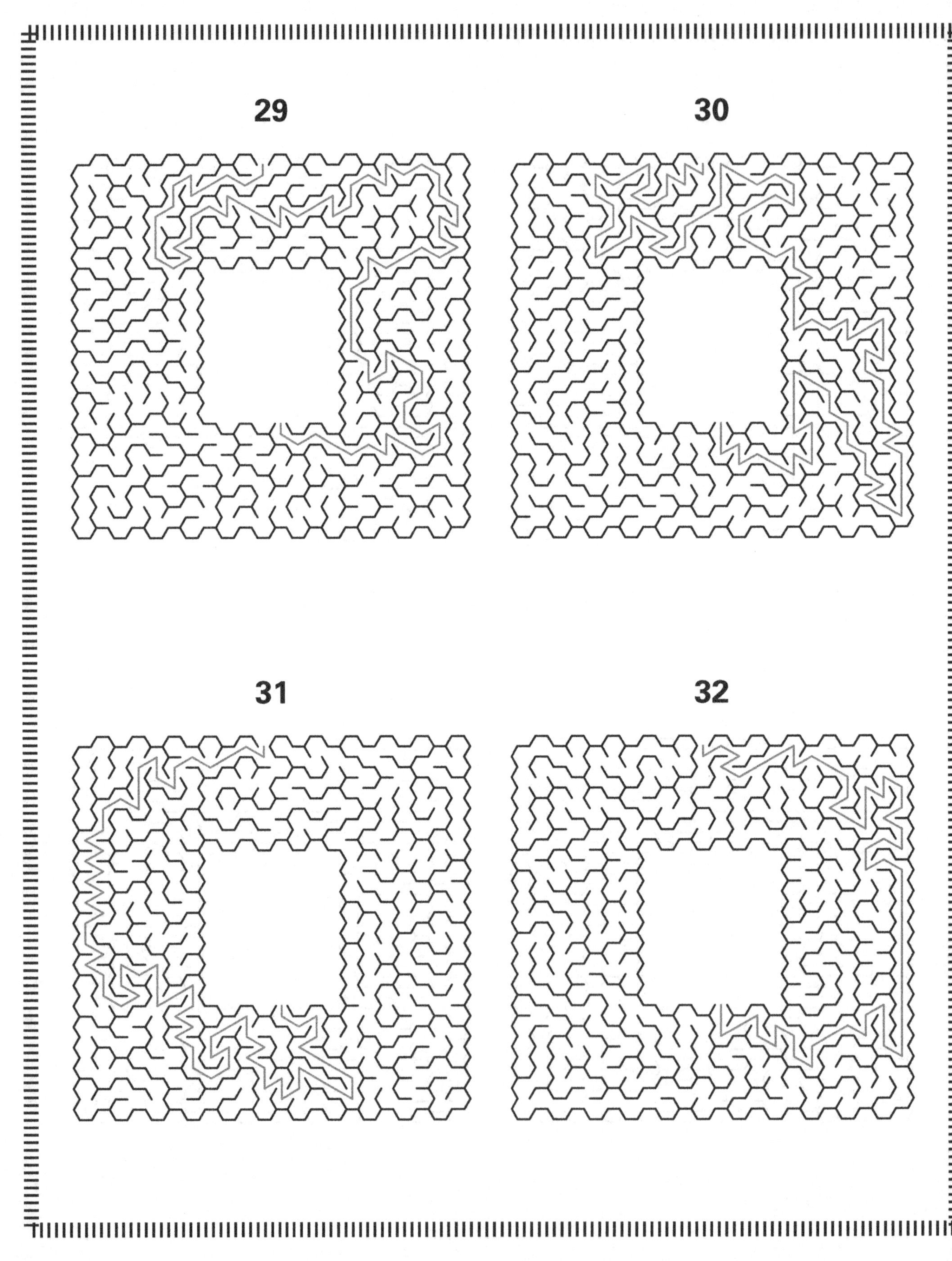

29
30
31
32

33

34

35

36

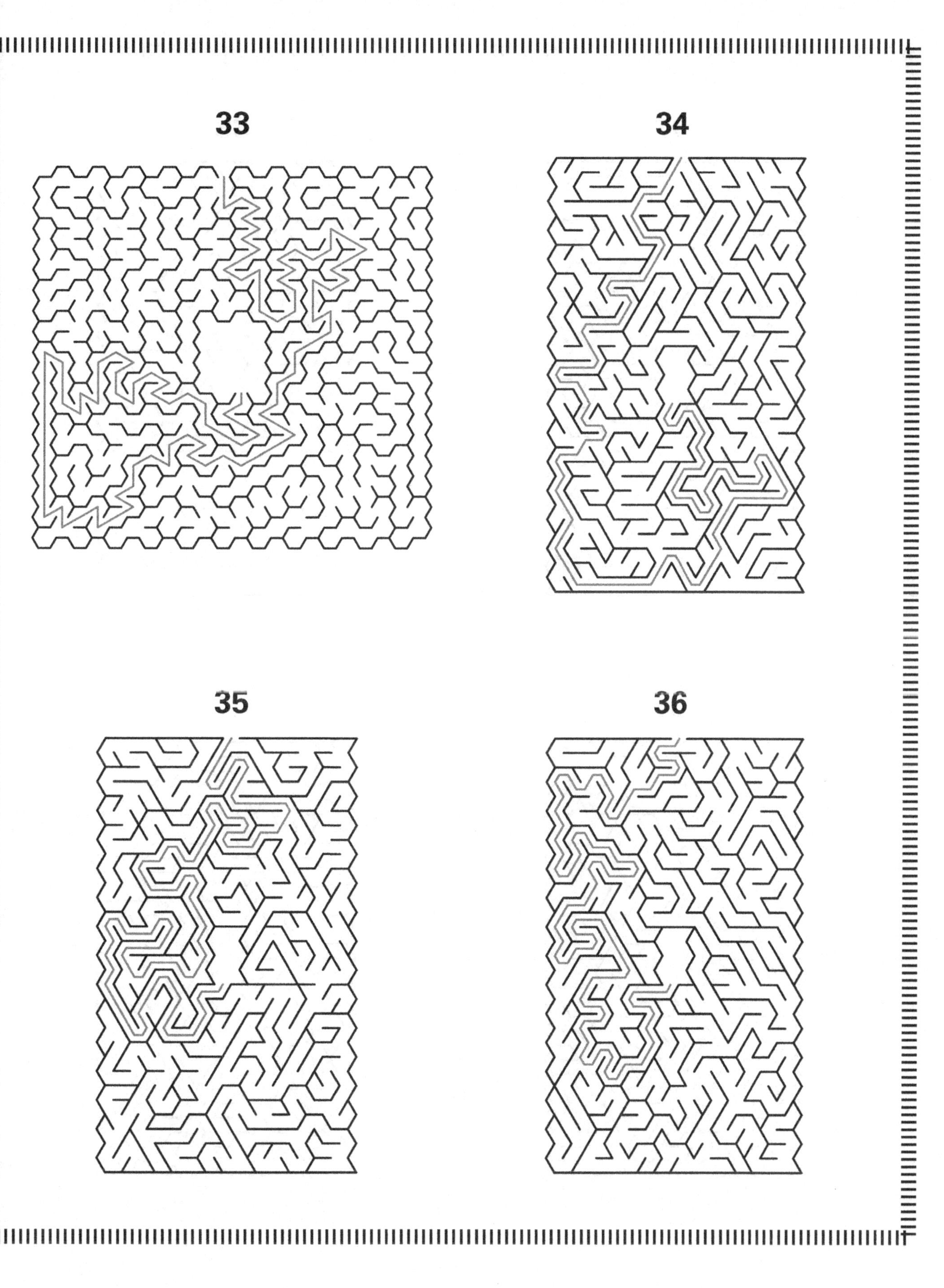

37

38

39

40

41

42

43

44

45

46

47

48

49

50

51

52

53

54

55

56

57

58

59

60

61

62

63

64

65

66

67

68

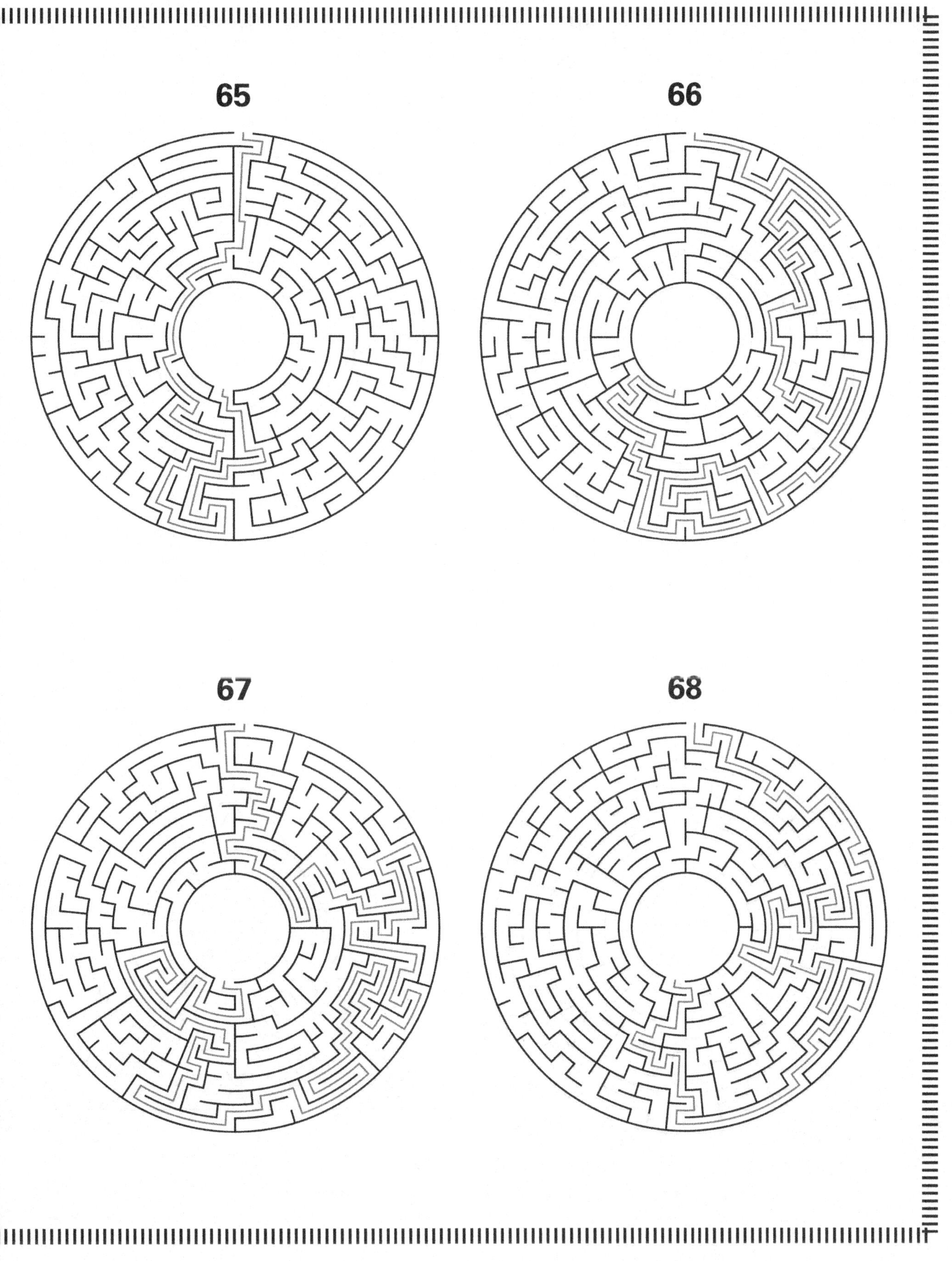

69

70

71

72

73

74

75

76

77

78

79

80

81

82

Made in the USA
Monee, IL
07 July 2026

56545655R00059